LES
BUTTES-CHAUMONT

NOTICE HISTORIQUE ET DESCRIPTIVE

PAR

Mme GERMAINE BOUÉ

PARIS

CHEZ TOUS LES LIBRAIRES

—

1867

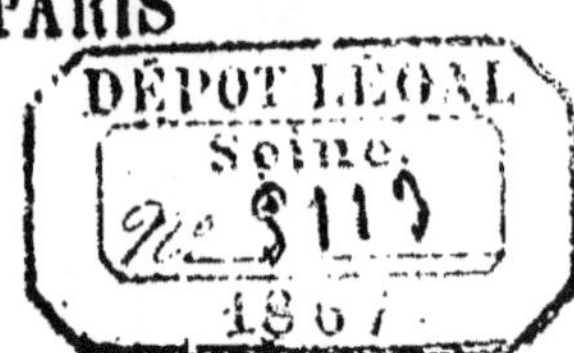

LES

BUTTES-CHAUMONT

Les siècles révèlent leur esprit à la postérité par le caractère de leurs monuments et de leurs fondations.

Pour ceux qui savent étudier ainsi la voix des événements dans le domaine des faits, quoi de plus attachant que les annales de ce nouveau parc des Buttes-Chaumont?

Ce lieu possède le privilége de symboliser trois époques bien caractérisées de notre histoire :

Le moyen âge, par ses tragiques et lugubres souvenirs ;

La renaissance, par les tristes épisodes dont il fut le théâtre pendant les guerres civiles ;

Le temps moderne, parce qu'on y voit l'éclatant triomphe de la société contemporaine sur le règne de la force brutale, de l'oppression et de l'égoïsme.

Le droit au soleil pour tous a tranché dans le vif une foule de questions sociales. Mais avoir déployé le luxe et les plus splendides effets dans cette promenade d'un quartier populaire, jadis maudit, est assurément une idée non moins généreuse qu'intelligente. C'est l'inspiration du plus noble sentiment qui soit au cœur et au cerveau d'un grand souverain : la sollicitude envers les classes travailleuses.

I

Selon Piganiol de la Force, Montfaucon tire son nom d'un seigneur appelé Faucon ou Falco, qui occupait une habitation considérable au sommet de la butte.

Quant aux Buttes-Chaumont, leur dénomination dérive, d'après certains chroniqueurs, d'une double source latine, *Calvus-Mons*, Mont-Chauve, dont, sous forme d'altération abréviative, on aurait fait Chaumont.

Ce théâtre de funeste souvenance débuta dans l'histoire par un fait glorieux, dont l'influence fut décisive sur les destinées de la France pendant plusieurs siècles.

C'était en 885 ; Paris était alors gouverné par le comte Eudes, quand survint une invasion de ces féroces Normands qui allaient semant sur leurs pas la terreur et la ruine. Ces terribles dévastateurs, partis du fond de la Scandinavie, étaient venus s'abattre à l'embouchure de la Seine, et, à travers les déprédations et le carnage, ils étaient arrivés devant Paris qu'ils tenaient assiégé. Les hauteurs de Belleville et de Montfaucon servaient de retranchement à ces hordes, qui avaient déjà mis Saint-Denis à feu et à sang. Devant ce danger imminent, le comte Eudes se résout, à se précipiter sur l'ennemi à la tête de toute la milice parisienne, et, malgré l'énorme inégalité du combat, les retranchements sont enlevés : dix-neuf mille Normands jonchent le champ de bataille ; la ville est sauvée. Cette victoire mémorable est désignée dans l'histoire sous le nom de *bataille de Montfaucon*.

Après cette éclatante manifestation, Montfaucon s'efface dans l'ombre pendant près de cinq siècles, pour devenir tristement célèbre comme lieu d'exécution.

On se trompe en faisant remonter la fondation du premier gibet qui fut élevé sur cette éminence à Enguerrand de Marigny, né en 1260. Tout prouve, au contraire, qu'il en existait un avant cette époque, puisque la chronique rapporte que ce tout-puissant ministre de Philippe le Bel le fit réparer. Ce qui est certain, c'est qu'on ne touchait pas impunément à cette sinistre machine ; car

Enguerrand, Pierre de Brosse et Pierre Remy, qui tous trois l'avaient fait remettre en état, y furent pendus.

Jamais favori de la fortune n'a fourni plus grand exemple du contre-coup de ses rigueurs, que cet Enguerrand : premier ministre, chambellan, surintendant des finances, conseiller intime des suprêmes décisions de son souverain, cet homme, surchargé de dignités, avait atteint l'apogée de toutes les ambitions. Mais il en fut enivré : sa vanité irrita les grands, ses exactions agitèrent les petits, et des murmures grondèrent contre lui, sourds d'abord, et qui atteignaient la menace, lorsque arriva la mort de Philippe.

Cet événement laissa Enguerrand sans appui. Le comte de Valois, chef des mécontents, ayant déterminé son neveu Louis le Hutin, successeur au trône, à réclamer de Marigny les comptes de son administration, celui-ci répondit que la majeure partie de l'argent prélevé sur le peuple avait passé dans les mains du prince :

— Vous en avez menti ! s'écria le comte.

— C'est vous-même, de par Dieu ! répliqua Marigny.

Le lendemain, comme il se rendait selon sa coutume au conseil du roi, on lui fit rendre son épée, et il fut dirigé vers la tour du Temple, au milieu des huées populaires. Son procès fut instruit pour la forme, car, au moment où il se levait pour répondre aux quarante chefs d'accusation produits contre lui, il fut chargé de chaînes, et immédiatement conduit au gibet de Montfaucon, où il fut pendu.

Et, dit Mézeray, — « comme maître du logis, il eut l'honneur d'être mis au haut bout, par-dessus tous les autres voleurs ! »

Quant au seigneur Pierre Remy, accusé également de concussion, la justice populaire avait devancé l'arrêt du parlement qui le condamna au même supplice, puisque, à la suite de la restauration du gibet, on put voir écrit sur le principal pilier :

> En ce gibet, ici emmy,
> Sera pendu Pierre Remy. (1315.)

On enterrait aussi sous le gibet des personnes toutes vives. Il est relaté qu'en **1440**, Jeannette la bonne Valette et trois autres femmes subirent cet atroce châtiment pour leurs *démérites*, et furent enfouies dans une fosse de sept pieds de long.

A côté de ces monstrueux usages, nés de l'odieuse théorie des rigueurs salutaires, le moyen âge avait certaines délicatesses naïves. En communion plus directe avec la nature, ses actes les plus barbares revêtaient une sorte de bonhomie : jamais au milieu des drames dont étaient prodigues les institutions humaines de ce temps ne se perdait l'idée de Dieu et d'une vie future.

Ainsi, lorsqu'un condamné était conduit à Montfaucon, le sinistre cortége devait passer devant le couvent des Filles-Dieu, dont la fondation s'élevait isolément à l'emplacement qu'occupe aujourd'hui le passage du Caire. Arrivé à la porte du monastère, on faisait descendre le patient du tombereau, et toutes les religieuses, la supérieure en tête, venaient le recevoir, un cierge allumé à la main. Il était conduit de la sorte devant un grand Christ appendu extérieurement au chevet de l'église, et on le lui faisait baiser, tout en l'aspergeant d'eau bénite. Alors, le criminel, assis sur un banc, recevait des mains de l'abbesse trois morceaux de pain et un verre de vin. Cela s'appelait le *repas du patient*.

Une fois, un pauvre malheureux condamné à être pendu à Montfaucon, ayant reçu de la supérieure l'offrande habituelle, avala son vin, et mit soigneusement les morceaux de pain dans sa poche.

Quand la marche funèbre eut repris son cours, le confesseur, qui avait remarqué cette bizarre prévoyance, lui demanda à quel usage il destinait le pain dont il avait fait réserve.

— Je suppose, mon révérend, répondit tranquillement le pauvre hère, que les bonnes sœurs me l'ont donné pour que je le mange en paradis, car je ne vois pas ce que j'en pourrais faire en ce monde, puisque je n'ai pas faim et que je vais mourir.

Ce couvent des Filles-Dieu avait été fondé dans le courant du treizième siècle par Guillaume III, évêque de Paris. Il était destiné à recevoir les *folles et pécheresses créatures* qui, après des abus de tous genres, étaient tombées dans la mendicité. Un des statuts portait cette prescription étrange, qu'on n'y recevait aucune novice qui n'eût fourni des attestations de ses faiblesses. Mais cette maison ne put jamais atteindre le but de réforme que s'était proposé le pieux fondateur. Loin de justifier de la dénomination de *Filles-Dieu* qui leur avait été donnée, les religieuses continuèrent, en dépit de la règle et des pratiques, à rester les sujettes du diable, jusqu'à l'époque où la Révolution supprima ce couvent avec tous autres.

En 1527, les longs bras décharnés de l'affreux gibet accaparaient encore une noble proie : Jacques de Samblançay, baron de Beaune, surintendant des finances sous Charles VIII, Louis XII et François Ier, y fut pendu. Il s'était distingué, entre tous ceux qui avaient exercé pareille charge, par son esprit d'ordre, sa droiture et son intégrité. Ces qualités causèrent sa perte ; ayant refusé d'accorder à la duchesse d'Angoulême une somme 400,000 écus dont la destination était affectée à la solde de l'armée d'Italie, l'implacable princesse, devenue régente, fit condamner Samblançay pour crime de péculat. Il était alors âgé de soixante-deux ans. Le peuple, persuadé de son innocence, suivit le cortége avec des cris de douleur et de sympathie. Le surintendent mourut avec un grand courage. Voici une satire de Marot, faite à cette occasion, qui peint très-pittoresquement l'attitude du condamné, et l'opinion générale sur la condamnation :

> Lorsque Maillard, juge d'enfer, menait
> A Montfaucon Samblançay l'âme rendre,
> Lequel des deux à votre sens tenait
> Meilleur maintien ? Pour le vous faire entendre,
> Maillard semblait homme que mort va prendre ;
> Et Samblançay fut si ferme vieillard
> Que l'on eût dit au vrai qu'il menait pendre
> A Montfaucon le lieutenant Maillard.

Près d'un demi-siècle plus tard (28 août 1572), Montfaucon vit se passer un fait plus terrible encore.

Il se donna là un spectacle où le grotesque et l'ignoble se trouvaient rehaussés du rang suprême des acteurs.

Il faudrait le pinceau d'un Goya ou la plume d'un Edgard Poë pour retracer l'avilissante comédie de Catherine de Médicis et de son fils, venant, accompagnés de toute la cour, faire une visite au cadavre de l'amiral Coligny, pendu par les pieds à l'un des crocs de Montfaucon.

On sait qu'après avoir succombé sous les coups de nombreux assaillants, l'amiral avait été jeté de sa fenêtre sur le pavé de la rue. Un Italien de la garde lui coupa la tête et la porta incontinent à la reine mère. D'après les beaux vers de *la Henriade* :

> Médicis la reçut avec indifférence,
> Sans paraître jouir du fruit de sa vengeance,
> Sans remords, sans plaisir, maîtresse de ses sens,
> Et comme accoutumée à de pareils présents !

La populace, après cela, s'acharna trois jours durant sur ce malheureux tronc, et finit par le porter à Montfaucon où, faute de tête, on le pendit par les pieds.

Et ce fut pour repaître leurs yeux du hideux aspect des restes mutilés de ce glorieux martyr que Catherine et Charles IX vinrent parader avec un brillant cortége sous les piliers patibulaires.

Qu'on se représente cette troupe bariolée, montée sur des chevaux fringants, bruyante et légère, faisant échange de facéties au sujet de ces squelettes.... railleuse de la mort !... Quel dégoût ! et combien nous sommes éloignés de pareilles mœurs !

Cependant, en dépit des violents parfums dont chacun était imprégné, l'odeur infecte qui sortait de tous ces débris humains s'étant vite fait sentir, quelques courtisans engagèrent le roi à ne pas demeurer longtemps.

— Allons donc, messieurs, répondit Charles IX, est-ce que le cadavre d'un ennemi ne sent pas toujours bon ? Toutefois, il n'est si agréable compagnie qu'on ne quitte.

Otant alors, avec une déférence dérisoire, son chapeau devant l'informe cadavre : — Salut, noble Gaspard ! fit le roi.

Et tous les gentilshommes, à son exemple, défilèrent ainsi, jetant leur adieu ironique à celui qui, vivant, les eût tous dominés.

Ne semble-t-il pas que cet épisode date des temps les plus reculés de la barbarie? Et ceux qui, désormais, graviront sur la butte le même chemin que suivait le monarque et ses raffinés, pourront-ils croire que l'immense changement accompli, non-seulement sur le terrain, mais encore dans les sentiments et dans les esprits, est l'œuvre de moins de trois siècles?

Pour en finir avec toutes ces horreurs, nous allons vous décrire le fameux gibet.

II

Sa construction, fort rudimentaire, se composait d'une masse de pierres brutes, cimentées en maçonnerie, et formant un carré long surmonté d'une plate-forme. On y montait par une large rampe en pierre dont une solide porte revêtue de fer fermait l'entrée. Sur trois faces du carré s'élevaient seize piliers en pierre de taille, d'une hauteur de trente-trois pieds, reliés entre eux par des poutres de bois auxquelles étaient fixées des chaînes de fer destinées à pendre les condamnés. C'est à ces gibets, appelés aussi *fourches patibulaires*, que l'on exposait les cadavres des suppliciés, soit qu'ils eussent été exécutés là ou ailleurs.

De longues échelles étaient dressées perpétuellement le long des colonnes, et au centre de la plate-forme s'ouvrait une cave servant de charnier. Il y eut des époques ou plus de soixante corps se balancèrent à la fois au gibet de Montfaucon. Les chiens et les corbeaux, attirés par une proie assurée, hantaient sans cesse cet affreux endroit, d'où s'exhalaient des miasmes pestilentiels. En 1761, le gibet avait été transporté au pied des Buttes-Chaumont. On n'y exposait plus les coupables ; mais les piliers et leur disposition avaient été conservés comme signe de la justice royale, et transportés dans un enclos faisant l'angle nord de la route qui va à la barrière du Combat. C'est dans cet emplacement qu'on enterrait les suppliciés. Ils y étaient amenés la nuit, aux flambeaux, par le bourreau et ses aides.

La Révolution détruisit le gibet ; mais on continua à faire de ce lieu le réceptacle de toutes les immondices de Paris. Pendant de nombreuses années, Montfaucon répandit encore sur les quartiers du Temple, de Belleville et de La Villette, des émanations nauséabondes et insalubres. Enfin, on a fait disparaître la voirie il y a une dizaine d'années, et les localités qui avaient autrefois souffert de ce voisinage vont être désormais saturées de parfums.

Nous ne scellerons pas l'épitaphe de ce cloaque du vieux Paris

sans dire un mot de la célèbre saturnale qui s'y accomplissait na-
guère encore : la descente de la Courtille. Le mercredi des Cendres,
au matin, toute une population carnavalesque, ramassis de débau-
chés de bas lieu, sortait de tavernes hantées par l'orgie nocturne,
et venait se ruer sur les boulevards, avec des lazzi, des jure-
ments, des cris, des chants cyniques. C'était un spectacle pittoresque peut-être, mais laid et écœurant sans nul doute, que celui

de ce tourbillon d'hommes et de femmes abrutis par ces joyeusetés
grossières.

Il faut reconnaître que le public des barrières a notablement ré-
formé ses mœurs depuis cette époque peu éloignée. Aujourd'hui,
ouvriers et artisans sont plus soigneux de leur dignité. Ils com-
mencent à comprendre qu'il est de commun précepte aux personnes de toute condition d'apporter des limites à l'expansion des
folles joies. L'éducation, en se généralisant, purifiera le goût de

plus en plus, et de telle sorte, nous l'espérons, qu'on en viendra à ne chercher les plaisirs dont l'activité humaine réclame le besoin que dans de pures et douces jouissances.

Un des grands souvenirs que rappellent encore ces parages est celui de la bataille de Paris.

Ce fut le 30 mars 1814 qu'éclata le dernier acte de cette lutte désespérée engagée contre les étrangers envahisseurs. On sait que les souverains de l'Europe, après s'être coalisés pour prendre leur revanche des triomphes de Napoléon Ier, étaient venus cerner Paris avec une armée de deux cent mille hommes, quand nos forces réunies ne s'élevaient guère qu'à vingt-deux mille sabres ou baïonnettes et quelques pièces de canon.

En outre, ces forces si inférieures étaient commandées par des chefs n'ayant pas de plan unitaire de défense, et agissant isolément selon l'inspiration de sentiments tout personnels. L'Empereur était absent; personne ne savait ni agir ni commander. Les personnages dépositaires du pouvoir ne surent pas combiner leurs vues respectives contre le danger commun. Aussi est-ce sur eux que doit éternellement peser la responsabilité de la capitulation de Paris ! car soldats et généraux déployèrent pour la défense du sol natal cet intrépide héroïsme qui ne fait jamais défaut aux fils de notre pays !

Les souverains alliés étaient le soir du 29 mars au château de Bondy.

Leur plan de bataille s'arrêta à trois attaques simultanées. Une à l'est, exécutée par Barclay de Tolly, avec un effectif de cinquante mille hommes, ayant pour but d'enlever le plateau de Romainville, en débouchant par Rosny et Pantin. Une au sud, commandée par le prince de Wurtemberg, composant avec le corps de Giulay, trente mille hommes, devant aboutir par Vincennes aux barrières du Trône et de Charenton. Une au nord, dirigée par Blucher, forte de quatre-vingt dix mille hommes, devant assiéger Montmartre, Clichy et l'Etoile.

Le maréchal Marmont fut chargé de la défense de Paris, depuis la Marne jusques et y compris les hauteurs de Belleville et de Romainville.

Le maréchal Mortier eut pour mission de défendre la ligne qui va du pied de ces hauteurs jusqu'à la Seine.

Le général Compans fut adjoint à Marmont, duc de Raguse, et leurs forces réunies s'élevaient à cinq mille hommes.

L'action, commencée à l'aube, se poursuivit avec un acharnement terrible et soutenu des deux parts, mais vraiment sublime de courage du côté des assiégés, qui luttaient contre un nombre décuple. Six fois nos braves, pressés, débordés par la multitude des ennemis, faiblirent et triomphèrent tour à tour, jusqu'à midi. Alors, il y eut un temps de répit; tant d'efforts avaient lassé les plus braves. Les alliés, harassés, et réduits considérablement, durent s'effrayer de la quantité de leurs morts et de leurs blessés. Mais cette trève nous fut fatale; car l'ennemi, informé par les prisonniers du petit nombre de troupes qu'il avait devant lui, crut, avec raison, pouvoir frapper un coup décisif. Il fit un développement de forces extraordinaire. On put voir de Belleville, qui était la clef de la position, de nouvelles colonnes formidables envahir tous les points rentrants de la ligne, depuis la barrière du Trône jusqu'à La Villette, tandis que d'autres masses compactes passaient le canal, se dirigeant sur Montmartre.

En vain nos généraux se virent-ils enveloppés de toutes parts; en vain l'ordre de la reddition de Paris, envoyé par le roi Joseph, était-il arrivé aux mains de Marmont ; on continua à se battre avec fureur, jusqu'à ce qu'enfin, les alliés, à la faveur de leur nombre immense, étant parvenus à prendre possession de la butte, le duc de Raguse dut opérer sa retraite. Mais ce fut encore en combattant comme un lion. On raconte que, dans les derniers instants, n'ayant autour de lui qu'une quarantaine de grenadiers, cernés dans la grande rue de Belleville, à pied, l'épée à la main, ses habits criblés de balles, il se fit jour à travers les alliés et parvint jusqu'à la barrière, sans avoir laissé ni un prisonnier ni un canon entre les mains des ennemis. Les généraux Ricart et Pelleport avaient été blessés dans cette dernière manœuvre.

Ce fut alors seulement que Marmont, ne voyant plus d'autre ressource, et voulant épargner à Paris les horreurs d'une boucherie inévitable, se décida à faire usage de son mandat.

La capitulation fut signée chez un marchand de La Villette, qui porte l'enseigne du *Petit jardinet*.

Après avoir sommairement retracé les faits historiques qui se rapportent à la localité, il nous reste à parler de la transformation des Buttes-Chaumont.

III

Ce sol si triste, si tourmenté, dont l'aspect semblait le témoignage vivant des atrocités qui s'y étaient entassées pendant des siècles, est devenu, sous l'impulsion d'un génie protecteur, un séjour plein d'enchantements. Le sentiment du beau qui respire dans toutes les créations de M. Alphand, l'ingénieur artiste, a trouvé ici un digne interprète dans le concours de M. Darcel qui a été chargé de l'exécution des travaux sous les ordres de M. Alphand et dans celui de M. Davioud, architecte, chargé des constructions. M. Barillet, l'habile jardinier en chef de la ville de Paris, qui s'est déjà signalé par de beaux travaux, s'est affirmé une fois de plus, et avec un rare bonheur.

La nouvelle promenade occupe une superficie de plus de vingt-deux hectares. Elle a la forme d'un vaste croissant dont les deux pointes aboutissent aux rues de Crimée et de Puebla. Dans l'espace compris entre ces deux courbes, on a merveilleusement utilisé les accidents du terrain, qui tantôt présente de molles collines, tantôt s'évase en coupes d'émeraude où les arbres, les fleurs et les eaux claires, versant à profusion la fraîcheur et l'ombre, forment autant de retraites faites pour communiquer à l'âme leurs paisibles douceurs. Tout, dans ce beau parc, témoigne hautement du goût et de la grandeur qui ont présidé à son ordonnance.

Voici d'abord un cours d'eau qui traverse la promenade, tout scintillant au soleil entre deux rives vertes, et va s'égarer dans une grotte aux proportions géantes, aux voûtes si hardies, qu'elles ne mesurent pas moins de vingt-deux mètres du sol au sommet.

Du haut de cette magnifique grotte descendent des aiguilles de pierre de huit à neuf mètres, qui semblent avoir été formées sous l'action du temps, et sont comme la germination puissante de ces régions souterraines. Une cascade d'un volume considérable descend avec fracas, ainsi qu'une cataracte des Alpes, au travers de roches immenses, et alimente la rivière, qui, après avoir traversé la grotte, va se déverser dans un lac circulaire.

Au milieu des eaux du lac, on voit surgir une falaise, une vraie falaise aux parois verticales et rugueuses, qu'on dirait dérobée aux bords de l'Océan ; elle se relie à la crête du mont d'où bondit la

cataracte, par un pont en pierre d'une rare élégance. Son arche unique, à plein-cintre, s'élève à vingt-deux mètres au-dessus du niveau du lac.

Le sommet de cette falaise est situé à quatre-vingt-dix mètres au-dessus du niveau de la mer, et à quarante environ au-dessus du niveau du lac. C'est donc un des points les plus culminants de Paris, après la butte Montmartre et la lanterne du Panthéon. Sur ce pic élevé, d'où la vue embrasse tout l'ensemble de la promenade et de la cité, on a posé une construction idéale, en forme de rotonde à jour, destinée à servir d'abri et d'observatoire aux promeneurs.

Ce petit monument, où les formes de l'art grec ont été appliquées, rappelle tout à la fois le poétique temple de Vesta à Tivoli, et plus encore le monument de Lysicrate à Athènes. Assis sur un soubassement en pierres du Jura, il se compose de huit colonnes d'ordre corinthien supportant un entablement et une cou-

pole en pierre décorés de sculptures du style le plus élégant et le plus pur.

L'édification de cette gracieuse colonnade, mise au service du bien-être public, et substituée aux piliers porteurs de hideuses grappes humaines, est féconde : N'est-ce pas l'image du progrès, sentinelle vigilante, quoique invisible, qui dit à l'humanité :

« Durant des milliers d'années, dans les larmes et dans le sang, à travers l'esclavage et la misère, tu as poursuivi ton développement moral et l'épanouissement de toutes tes forces. Marche désormais sans regret et sans crainte ; tu es dans la voie de la vérité : laisse au mouvement du temps le soin de parfaire l'œuvre civilisatrice, et, aux heures du repos et de la liberté, viens retremper ton esprit dans la contemplation de la nature calme et sereine qui t'enveloppe de toutes parts. »

Nous ne devons pas oublier de mentionner, dans l'énumération sommaire des travaux artistiques du parc, le pont en fil de fer, qui est une merveille de légèreté ;

Un troisième pont traverse la tranchée du chemin de fer de ceinture, au point où le parc confine à la rue de Crimée.

Enfin un quatrième pont a été établi au-dessus d'une voie du parc pour donner accès à la rue Fessart, qui traverse les buttes.

Les points de vue saisissants et pittoresques abondent de toutes parts, dans ce domaine que l'art a soumis à ses lois ; ils se déroulent multiples, variés, harmonieux, comme les strophes d'un beau poëme.

Sur les hauteurs, le panorama se déploie dans une circonférence de plus de quarante lieues ; quand vous aurez découvert, par un temps lumineux, au fond de ces horizons qui fuient sans limite, Saint-Denis, Belleville, le Père-Lachaise, et mille bourgs et riches villas semés çà et là dans l'espace qui entoure Paris, terre de promission où s'épanouit dans une proportion si luxuriante le souffle de l'activité humaine, peut-être éprouverez-vous comme un vertige d'admiration. Détournez alors vos regards de toutes ces magnificences et abaissez-les vers cette petite éminence couronnée par une église en bois autour de laquelle se groupent quelques habitations dont la structure rappelle les chalets suisses. Ce petit coin, riant, calme, recueilli, est la colonie allemande de La Villette. Cette oasis modeste, aux allures dépaysées, a son histoire simple et grande, la voici :

En 1858, les buttes n'étaient que des terrains vagues, incultes, et les alentours des endroits mal famés, où s'abritait misérablement une population indigente, composée en grande partie d'émigrés bavarois, hessois et autres allemands nécessiteux, réduits à venir chercher leur pain dans notre libérale cité. M. de Badelschwingh, fils d'un ex-ministre des finances du roi de Prusse, poussé par un sentiment d'humanité, fit l'acquisition de ce tertre, et y fonda d'abord l'oratoire pour en faire le point de ralliement des expatriés. Deux écoles et un asile attirèrent bientôt en ce lieu toutes les pauvres familles allemandes disséminées sur divers points; et, la colonie naissante ayant pris de jour en jour de l'extension, elle ne compte pas moins de quatre cent cinquante à cinq cents familles maintenant. On y a annexé deux écoles françaises, et le nombre d'enfants que reçoivent les écoles et l'asile est de cinq cents.

Ce qu'il a fallu de dévouement obstiné, de courage et d'abnégation sublime pour descendre au fond de toutes ces misères, et parvenir à doter tant de malheureux d'une existence régulière, Dieu seul et le charitable missionnaire le savent! Il est vrai qu'il était secondé dans son œuvre évangélique par sa jeune épouse, issue comme lui de haut rang, qui ne dédaigna pas de se faire la bienfaitrice et la patronne active de ce refuge d'exilés.

Au risque de dépoétiser cette intéressante *petite Allemagne*, il faut bien vous dire encore que c'est de là que sortent ces essaims de balayeurs qui se partagent le travail peu attrayant de nettoyer les rues de Paris. Grâce à la continuation de l'œuvre du fondateur, les enfants de ces pauvres familles trouvent, pendant ce temps, asile et éducation dans les écoles de la colonie.

Mais revenons à ce parc superbe que la mode va vite adopter, se faisant ainsi la vengeresse du passé, en y apportant le mouvement, la vie, les joies du présent. Ici, rien n'a été fait à demi : le grandiose s'allie au beau, et le beau à l'utile. M. Davioud, architecte, a jeté dans les méandres du jardin des constructions d'un goût et d'une élégance achevés.

Les six pavillons de garde sont de formes variées, quoique du même style; ils se composent tous de deux pièces au rez-de-chaussée et de deux pièces au premier étage. L'entrée est précédée d'un petit porche, destiné à abriter au besoin les promeneurs surpris par l'orage. Leur construction est uniformément en brique apparente jointoyée et colorée; la couverture est en tuiles-Muller avec faîtages et chéneaux ornés; les mitres sont également exécutés sur modèles spéciaux. Mais ce qui distingue particulièrement ces élégants pavillons, c'est la décoration de faïence colorée, appliquée dans les frises et bandeaux ; il y a là un élément nouveau d'ornementation pittoresque dont il faut savoir gré aux habiles artistes de la ville de Paris. L'habitation du garde général des promenades de Paris est conçue d'une façon analogue, mais avec couverture en ardoises et frises en grès cérame.

Il y a aussi trois établissements publics, deux brasseries et un restaurant. Celui-ci est agréablement situé sur les bords du lac : les murs sont en briques de couleurs multiples, avec frise en faïence. Au premier étage se trouve une terrasse ornée d'une balustrade avec colonnes couronnées de traverses supérieures, disposition analogue aux vignes italiennes, du plus charmant effet. Les deux autres bâtiments, affectés également à un genre de consommation, ont une ornementation similaire, variée seulement dans les détails.

Quand les visiteurs qui vont affluer au nouveau parc seront las d'enthousiasme, fatigués de circuler au bord de ces cours d'eau, semblables à des rubans argentés ; de monter et descendre les longues avenues qui se tordent en tous sens, comme des serpents dans la verdure, ils pourront trouver des plaisirs d'un autre ordre dans ces établissements. La question gastrosophique ne peut, sous peine de disparate avec son milieu, manquer d'être supérieurement traitée dans ces lieux de réfection.

Ainsi, tout s'harmonisera pour compléter la métamorphose des Buttes-Chaumont. Et notre souhait, en terminant, est que ce beau fleuron de l'édilité actuelle soit favorisé d'une période aussi brillante et prolongée qu'il a compté de jours funestes et résonné d'accents plaintifs.

Germaine Boué.

Paris. — Typographie Hennuyer et fils, rue du Boulevard, 7.